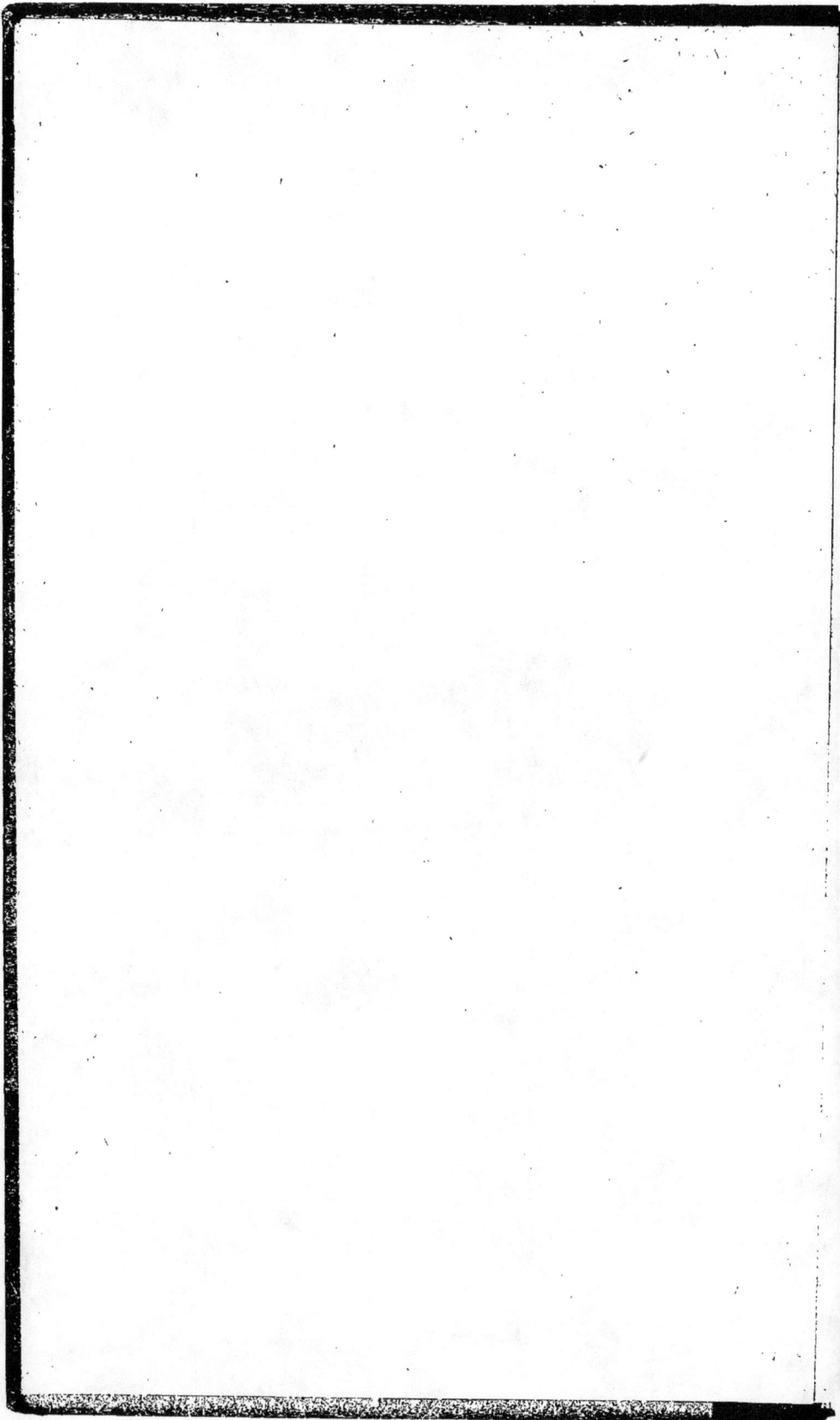

V

PROJET

ET

SOUMISSION

POUR L'ENCAISSEMENT DE LA DURANCE,

DEPUIS LE DÉTROIT DE MIRABEAU JUSQU'AU RHÔNE.

SUIVI D'UN

MÉMOIRE EXPLICATIF

DES MOYENS D'ENCAISSEMENT ET DE CEUX D'INDEMNITÉ ;

PAR LE SIEUR ETIENNE - GASPARD BILLARD,
Avocat, demeurant à Aix.

AIX.

De l'imprimerie de FRANÇOIS GUIGUE, Imprimeur du ROI,
rue Bourg-d'Arpille, N.º 1.

Mars 1825.

AVIS.

Dans le moment où mon projet est sous presse, j'apprends l'établissement de la Société anonyme de fructification générale. Je me félicite beaucoup d'avoir conçu un dessein, qui sans être celui de cette Société et sans le contrarier, s'accorde si bien avec ses vues : je m'en félicite d'autant plus, qu'il me paraît que nous sommes tous animés du même sentiment et dirigés par le même esprit.

Je me flatte que cette Société, toute occupée des moyens de fructifier les vuides improductifs du sol français, ne verra pas sans quelque complaisance que je cherche à extirper un fléau destructeur qui enlève un terrein immense à l'agriculture et qui menace des contrées entières, et à porter avec les eaux de la Durance la fertilité et l'industrie dans les communes les plus éloignées, partout où elles pourront atteindre.

Nos vues réciproques, sans être en concurrence, tendent également au même but et à l'avantage de la Patrie, et à éterniser la mémoire du regne du Roi, sans causer aucune dépense à l'État ; elles y tendent par des moyens et dans un objet différent. Combien il sera agréable pour moi d'y contribuer ! mon courage se ranime par l'exemple d'une Société digne de faire l'admiration de la postérité.

A Monsieur le Comte, DE SÈZE, Pair de France, premier Président de la Cour de cassation, Commandeur des Ordres de S. M., l'un des quarante de l'Académie française, etc., etc.

MONSIEUR LE COMTE,

Je n'ai jamais cessé d'avoir devant les yeux l'échafaud sur lequel je vois mon Dieu, mon Roi, et mon Père ; et à côté de lui l'exemple généreux et pur de votre dévouement.

Malgré la distance immense qui me sépare de vous, je me suis toujours fait un devoir de sentiment de le prendre pour modèle. Si ma position, les circonstances, et la faiblesse de mes talens ne m'ont pas permis de l'imiter, du moins je l'ai suivi de loin autant qu'il m'a été possible.

J'ai passé la révolution avec un dévouement sincère et invariable, avec des mains pures, et toujours victime.

Oubliant mon intérêt, mes maux et mes besoins, je consacre toutes mes pensées à la prospérité de l'auguste Famille dont vous avez si courageusement épousé la défense.

C'est à votre génie et à votre exemple que je dois les moyens de civiliser et d'utiliser la Corse et ceux d'encaisser la Durance, dont j'ai pris la liberté de faire hommage à Son Altesse Royale Monsieur le Dauphin. Si ils ont quelque chose de bon et d'utile, c'est aux sentimens que vous m'avez inspiré et au feu que vous avez excité dans mon âme que je le dois : il est juste que je vous en reporte le mérite.

En publiant mon projet d'encaissement de la Durance et ma soumission pour l'exécuter, je cède à la sollicitation de mes amis et à l'espérance de contribuer au bonheur de mon pays, ainsi qu'à la prospérité de l'Etat; mais en même temps je dois vous rendre ce qui vous en appartient.

Je me suis efforcé de me conformer à la localité, à la nature et au caractère particulier de la Durance; car chaque torrent a le sien. En faisant le bien de tous, j'ai cherché à concilier les droits de l'Autorité Royale et de l'Etat avec ceux de la propriété et avec ce qui est juste; c'est-à-dire, à mettre chacun et chaque droit à sa véritable place; parce qu'autrement il serait de toute impossibilité de parvenir à encaisser cette rivière vagabonde et dévastatrice, et à utiliser ses eaux.

Pour bien apprécier le mérite de ce projet, il est nécessaire de consulter les habitans de ses bords, et surtout les paysans qui la fréquentent et qui travaillent sur elle. Ceux-ci sont familiarisés avec son inconstance et ses vicissitudes, ils connaissent parfaitement son caractère, ils savent bien mieux que tous les savans juger les moyens de remédier aux maux qu'elle fait.

J'en ai moi-même consulté plusieurs, j'ai

pris l'avis de beaucoup de propriétaires riverains : et je n'ai trouvé personne qui n'ait approuvé fortement mes vues, qui ne m'ait encouragé à les mettre au jour. Je suis même certain que toutes les communes s'empresseront d'en solliciter l'adoption et l'exécution.

Si je puis mériter et obtenir votre approbation et votre appui, je serai heureux de pouvoir joindre un nouveau temoignage de ma reconnaissance à celle dont je suis pénétré pour les bontés dont vous m'avez honoré.

Je suis avec un profond respect,

MONSIEUR LE COMTE,

Votre très - humble et très- obéissant serviteur,

BILLARD.

D'Aix, le 5 mars 1825.

PROJET

Pour l'Encaissement de la Durance, a partir du détroit de Mirabeau jusqu'au Rhône.

Art. 1.er Le lit de la Durance est fixé à une largeur de 140 toises, à ce non compris ses rivages qui auront chacun 20 toises de largeur.

Art. 2. Il sera dirigé en ligne droite d'une montagne à une autre, jusqu'au Rhône, de manière que les eaux y arrivent le plus directement possible ; que leur cours ne puisse faire de déclinaison que par une montagne et que cette déclinaison soit insensible et parfaitement ménagée.

Art. 3. Au sortir du détroit de Mirabeau, il sera dirigé le long des montagnes sises à sa droite. A partir du point où elles les quitteront il sera conduit en ligne parfaitement droite au rocher de *Janson* ; de-là aux côteaux *de la Roque* qu'il cotoyera pour aller au *rocher de Merindol* prendre sa direction le long *des côtes de Malemort*, qui le dirigeront vers les *collines d'Orgon*, d'où il ira *au rocher de Bon-pas* prendre sa direction vers les *côtes de Châteaurenard*, pour de-là aller au Rhône.

Art. 4. Chacune de ces collines ou montagnes formera le bord du lit et sera mouillée par les eaux qui y arriveront, de manière qu'elles

les reçoivent naturellement et les dirigent dans la nouvelle ligne droite à suivre, en les caressant et en évitant toute répercution.

Art. 5. A chacune de ces montagnes, au point angulaire de la déclinaison et sur la ligne du bord du lit, il sera construit une tour ou phare d'une élévation suffisante pour correspondre l'un avec l'autre sur la même ligne ; ils marqueront l'angle de déclinaison de la rivière et sa direction avec les autres points angulaires de cette même ligne.

Il en sera construit de semblables sur le bord opposé aussi au point angulaire faisant face à ceux-là pour marquer la direction de cette ligne.

Art. 6. Il sera fait, sur chaque bord du lit, dans toute sa longueur, une barrière ou chaussée formée avec des pieux soutenus par des chevalets garnis en fascines, de manière que le lit ait toujours une largeur égale 140 toises.

Cette barrière sera fortifiée par une chaussée en terre et gravier ayant trois toises d'épaisseur, soutenue en dehors par des pieux de moindre grosseur, et formera talus en dedans et en dehors.

Les pieux placés sur la ligne intérieure du bord, seront d'une grosseur proportionnée, garnis de pointes de fer enfoncés six pieds en terre, et auront huit pieds en dehors ; ils seront entrelacés de fascines prises dans le lit de la rivière et à défaut ailleurs, et soutenus par de bons chevalets.

Dans les endroits où le fond sera de roche on y suppléera par une digue en pierres également chaussée en terre et en gravier.

Art. 7. Au de là de cette chaussée il y aura de chaque côté de la ligne du bord, un rivage large de 20 toises, dont l'extrêmité sera consacrée à former un chemin de hallage de trois toises de largeur, qui sera séparé des terres libres par un fossé propre à recevoir les égoûts et canaux dont les eaux iront se perdre dans le plus prochain torrent ou canal qui ira se jetter dans la rivière.

La chaussée et tout cet espace jusqu'au chemin seront garnis de gazon et remplis d'arbres et d'arbrisseaux de toute espèce.

Art. 8. Toutes les terres et graviers nécessaires à ces chaussées seront pris dans le milieu du lit de la rivière sur la ligne centrale et droite que le cours des eaux devra suivre, et s'il y a fond de roche il sera taillé de manière que les eaux aient naturellement et nécessairement leurs cours dans la ligne de direction qui leur sera tracée, et que le lit étant plus profond dans son centre forme un glacis s'élevant jusqu'à la barrière.

Art. 9. Tous les ouvrages en construction, toutes les isles, islots, boisages, racines, et généralement tout ce qui pourrait se trouver dans le lit et gêner le cours des eaux, sera démoli, rompu et soigneusement enlevé.

Art. 10. Tous les canaux et torrens qui se jettent dans la Durance y seront dirigés et conduits à travers les graviers en ligne horizontale, de manière que leurs eaux y arrivent en angle aigu, qu'elles se joignent et se marient avec celles de la rivière, naturellement sans se heurter ni se contrarier.

Art. 11. La partie de ces torrens et canaux

qui traversera les rivages de la rivière sera à la charge de l'Etat et entretenue par lui.

Il sera fait, aux bords de chacun d'eux, dans cet espace, une barrière semblable à celle ci-dessus indiquée pour accompagner ses eaux dans le lit de la rivière , et elle sera terminée par un éperon en pierre qui sera construit à chaque extrêmité sur le coin formant le bord du lit de la rivière , et suivant son angle relatif à la direction des eaux de l'une et de l'autre.

Ces torrens et canaux seront dirigés de manière qu'ils viennent se joindre à la rivière aux endroits où elle va couler contre une montagne, et qu'ils puissent recevoir dans leur cours toutes les eaux perdues et petits canaux particuliers.

ART. 12. Le lit de la rivière étant ainsi formé , on fera en sorte que le déversement de ses eaux bourbeuses ou de la surabondance de ses eaux comble les graviers et les terres latérales et les couvre de limon, de manière à les rendre utilisables sans nuire aux propriétés riveraines , et à ce que ces terres en se comblant s'élèvent au niveau de la barrière, ne forment qu'un corps uni avec elle et la rendent inaltérable.

ART. 13. S'il arrivait que les eaux par leur déversement devinssent plus nuisibles qu'utiles, il sera fait une seconde barrière semblable à la première , en arrière de celle-ci, et à une distance convenable , à laquelle on donnerait la force et la hauteur nécessaires pour empêcher tout déversement possible. Ainsi le lit porterait le plus grand volume d'eau possible sans aucun danger et de la manière la plus solide , attendu que la force de ses eaux serait toujours dans le centre de son lit, qui serait propre à recevoir toutes ses crues différentes.

ART. 14. Il sera établi et construit une digue en pierre, haute de 10 pieds, épaisse de deux toises au moins, et longue au moins de 50, contre chacune de ces montagnes que les eaux mouilleront et cotoyeront.

La première, au sortir du détroit de Mirabeau, sera appuyée contre la montagne de sa gauche ; la seconde, contre les montagnes de sa droite, à l'endroit où les eaux les quitteront, et les autres à toutes les autres montagnes ou collines au point où elles s'en sépareront.

Elles seront toutes construites sur la ligne du bord du lit de la rivière et dans sa direction.

ART. 15. Il sera établi dans chacune de ses digues des prises d'eau et martelières en assez grande quantité pour recevoir les eaux nécessaires à toutes les contrées inférieures et pour les leur fournir, le Gouvernement demeurant chargé de les conduire à ses frais jusques au de là du rivage où les intéressés la recevront.

ART. 16. Ces digues serviront, d'une part à recevoir et à fournir ces eaux, et de l'autre à diriger celles de la rivière dans le centre du lit.

ART. 17. On ne pourra dériver les eaux de la Durance qu'à ces digues. Personne ne pourra, sous quelque prétexte que ce soit, toucher aux digues, aux martelières, au canal de dérivation ni aux rivages ; et tous ceux qui auront droit d'en user seront obligés de les prendre et de les recevoir au dehors desdits rivages.

ART. 18. S'il arrivait que le Roi jugeât indispensable pour l'intérêt public d'établir une dérivation ou prise d'eau ailleurs qu'à ces digues et dans un autre endroit du bord de la rivière, elle ne pourra être établie qu'à l'endroit qu'il indiquera, et sur la ligne du bord de la rivière, à la place de sa barrière, sans nuire en rien ni au lit ni au cours des eaux.

A cet effet il sera construit une digue en pierre de la hauteur de 12 pieds, épaisse de trois toises, au milieu de laquelle seront établies les martelières. Cette digue aura au dessus des martelières 100 toises de longueur pour recevoir et contenir les eaux qui seront dérivées sur elle, et au dessous 5o toises pour les ramener à leur direction naturelle.

En ce cas le concessionnaire sera chargé de fournir à toutes ces dépenses et obligé de faire dégorger ses eaux dans un des torrens ou canaux principaux qui iront se jetter dans la rivière, si elles ne peuvent pas se dégorger ailleurs.

ART. 19. Le Roi sera toujours seul maître du lit de la rivière, de ses rivages et de tous les ouvrages et travaux faits sur elle, sans que jamais personne puisse y rien prétendre ni y faire aucun changement; il sera également chargé de leur entretien.

ART. 20. Tous ceux qui usent ou qui useront des eaux de cette rivière payeront au Gouvernement une rétribution annuelle de 4oo fr. pour chaque pied carré d'eau qui leur sera fourni à la martelière de la digue, sauf les arrangemens à prendre par l'État avec ceux qui justifieront en avoir acquis le droit à prix d'argent.

ART. 21. Il sera fait un réglement général ; sous le rapport de l'utilité publique ; pour assurer et organiser la distribution des eaux à toutes les communes, et à tous ceux à qui elles pourront être utiles, et pour donner à tous ceux qui voudront en jouir la facilité de les avoir, de les conduire jusques dans les contrées les plus reculées, et de les faire servir à la prospérité publique

ART. 22. Le cours des eaux de la Durance étant ainsi fixé d'une manière invariable, la ligne qu'on suppose au milieu du lit formera la séparation des départemens limitrophes et des territoires des Communes riveraines, sans préjudice des droits de propriété particulière auxquels il ne sera dérogé en rien, et dont chacun continuera de jouir conformément aux lois.

ART. 23. Le Roi pourra prendre toutes les mesures convenables pour fixer le lit de la Durance en ce qui concerne la partie supérieure au détroit de Mirabeau.

A Aix, le 5 mars 1825.

BILLARD, *Avocat.*

SOUMISSION

Pour l'Encaissement de la Durance,

Adressée par le sieur Étienne-Gaspard, Billard, *à* S. Al. R. Monsieur le Dauphin, *le* 18 *novembre* 1824, *avec le projet ci-dessus et le mémoire ci-joint.*

———

Je me charge d'encaisser la Durance depuis le détroit de Mirabeau jusqu'au Rhône, et d'exécuter le projet ci-dessus aux conditions suivantes :

Art. 1.er Je ferai tous les travaux nécessaires pour son encaissement, à mes frais, sans demander ni secours ni avances.

Art. 2. Je ferai l'encaissement dans l'espace de dix ans à dater du 1.er janvier qui suivra l'admission de ma soumission ; et je le perfectionnerai entiérement dans le délai de 5o ans à dater de la même époque.

Art. 3. Je serai le maître de faire au mode d'exécution du projet tous les changemens et les rectifications que les circonstances exigeront, sans rien changer au fond du projet ni à sa solidité.

Art. 4. Le Gouvernement mettra à ma disposition les soldats travailleurs de quatre régimens, auxquels je donnerai la haute-paye qui sera fixée par lui.

Aʀᴛ. 5. Pendant la durée de l'entreprise je jouirai et pourrai faire usage de tous les droits et privilèges du Roi, pour l'exécution du projet; je pourrai prendre les propriétés particulières qui pourraient être nécessaires, moyénant une indemnité préalable qui sera payée par l'État; et je jouirai de tous les droits, produits, profits et revenus, de la rivière et de son lit.

Aʀᴛ. 6. Il me sera concédé à titre d'indemnité :

1.º La propriété du tiers des terres que le Gouvernement gagnera par l'encaissement et qui rentreront dans le commerce, lequel tiers je prendrai en deux parties, dont chacune ne fera qu'un seul corps, l'une au midi l'autre au nord de la rivière, aux endroits qui me paraîtront le plus convenables, et le tiers de la plus value de toutes les propriétés qui en retireront quelqu'avantage.

2.º La faculté de construire un ou deux ponts de pierre aux endroits que je jugerai plus utiles, et d'y percevoir pendant le même délai de l'entreprise la même rétribution qui se perçoit au pont de Bon-pas.

Le premier pont construit portera le nom de Cʜᴀʀʟᴇs X. et sa statue.

Aʀᴛ. 7. Le Roi jouira des deux tiers lui appartenant dès aujourd'hui; et à l'expiration desdites 50 années, il reprendra l'entière possession et jouissance de la rivière et de tous les travaux qui en dependront, de manière que je n'aurai plus rien à y prétendre, excepté mon indemnité ci-dessus.

ART. 8. A l'expiration desdites 50 années, je remettrai la rivière parfaitement encaissée et tous les travaux en bon état.

ART. 9. Dans l'espace de six mois, à dater de l'admission de ma soumission, le Gouvernement fera procéder à la distinction de sa propriété d'avec celle des propriétaires riverains, et à un état détaillé de toutes les propriétés et établissemens qui recueilliront quelqu'avantage de cet encaissement de la rivière, lequel état contiendra la désignation de chaque propriété, de sa nature, état, contenance, et confronts, avec indication des noms des propriétaires et de leurs titres. Et il me sera fourni des expéditions authentiques tant de la susdite distinction que dudit état.

ART. 10. Je serai chargé de faire procéder à l'estimation actuelle, et dans le temps de droit à celle de la plus-value des propriétés qui recueilleront avantage de l'encaissement, en me conformant à la loi du 16 septembre 1807, pour faire liquider le tiers qui me reviendra sur la plus-value, et que je serai autorisé à percevoir.

ART. 11. Pour le recouvrement de ce tiers, je jouirai des privilège du co-propriétaire et du droit de retention, si le redevable ne paye pas dans l'espace d'un an après sa liquidation.

ART. 12. La présente soumission ainsi que le projet seront présentés aux Chambres pour acquérir force de loi, si SA MAJESTÉ le juge convenable.

A Aix, le 5 mars 1825.

BILLARD, *Avocat.*

MÉMOIRE

SUR LE PROJET ET LA SOUMISSION CI-
DEVANT, POUR L'ENCAISSEMENT DE LA
DURANCE ;

PAR

LE SIEUR ETIENNE-GASPARD BILLARD, AVOCAT,
NATIF DE PERTUIS, DEMEURANT A AIX.

DANS tous les temps on a reconnu la nécessité
d'encaisser la Durance, d'arrêter ses dévastations, et de faire servir ses eaux à la prospérité
de la Provence.

Plusieurs projets ont été formés à ce sujet,
et présentés en différens temps ; mais jamais
ils n'ont pu être mis à exécution, à cause des
oppositions qu'ils ont rencontrées, et parce
que les vrais principes ont fléchi devant l'intérêt
particulier.

Mais aujourd'hui où chaque chose a été
mise à sa place naturelle, où les principes de
la propriété sont rétablis dans leur pureté,
et où l'intérêt public, beaucoup mieux senti,
a repris tout l'empire qu'il doit avoir, tout
doit disparaître devant lui, devant les avan-

A

tages immenses qui doivent résulter de cet encaissement pour l'agriculture, le commerce et la population, et pour la sûreté des personnes et des propriétés. Il n'y a plus à craindre qu'une ambition mal entendue et funeste à la chose publique, puisse faire substituer des prétentions et des droits chimériques aux droits sacrés de l'État, à ce que l'intérêt de tous, la raison et la loi commandent impérieusement.

L'encaissement de la Durance si connue par son impétuosité, par son inconstance et par ses dévastations, est une opération qui tient de si près à la sûreté des propriétés particulières, même des contrées qui l'avoisinent, et à l'intérêt de l'État, qu'on a peine à concevoir qu'elle ait pu rencontrer des obstacles dans les prétentions fantastiques de quelques hommes.

Convaincu que rien ne doit résister à tous ces intérêts, j'ai cru devoir remonter aux principes: en les rétablissant j'ai proposé au Gouvernement un projet qui me paraît concilier l'intérêt de l'État avec celui de la propriété particulière; et j'y ai joint ma soumission, pour l'exécuter d'une manière qui, loin de le soumettre à aucune dépense, lui assure un bénéfice considérable.

J'expliquerai mon projet pour en démontrer la bonté; je ferai connaître l'indemnité que je réclame et les avantages qui doivent en résulter pour l'État, et je justifierai ma sou-mission.

Mais il faut préalablement connaître le caractère de la Durance, qui ne peut être considérée que comme un torrent, à cause de sa rapidité et de ses variations ; car chaque torrent a son caractère particulier, lequel dérive de sa position et de beaucoup de circonstances qui ne se rencontrent nulle autre part.

La Durance est une rivière flottable qui prend sa source dans les Alpes, traverse la Provence, du levant au couchant, en ligne presque droite, et va se jeter dans le Rhône, à deux lieues au-dessous d'Avignon.

Dans son cours elle reçoit plusieurs torrens qui augmentent le volume de ses eaux, et ajoutent à sa rapidité.

La masse ordinaire de ses eaux est peu considérable et peu dangereuse ; mais elle devient grosse et funeste aux époques de la fonte des neiges et des orages, qui sont assez fréquens dans cette partie de la Provence.

Alors en raison de la grosseur de sa crue et de sa rapidité, elle entraîne, elle charrie, elle emporte tout ce qui s'oppose à son impé-tuosité, et ne laisse à la place qu'un gravier sec et nud. Elle sillonne son lit de langues plus ou moins considérables de ce gravier qu'elle ramasse de bas fonds qu'elle creuse.

Ces langues et ces bas fonds détournent
ensuite son cours pendant quelque temps; dans
un autre, elle les emporte pour en former
de nouveaux qui produisent le même effet,
ce qui aide à la rendre inconstante et variable.

Comme la masse de ses eaux et leur impétuosité varient à l'infini, et comme elle est
sans cesse détournée de son cours naturel par
divers obstacles, elle marche en serpentant.
Elle se dirige d'une rive à l'autre à travers son
lit, et suivant sa force elle emporte les terres
qui le bordent.

Elle traverse plusieurs plaines considérables
dont elle occupe une grande partie, parce
qu'elle promène ses eaux dans un lit immense,
au gré du moindre obstacle ou de l'impulsion
la plus légère; dans ses crues, tantôt elle le
couvre tout entier de ses eaux, tantôt elle
se porte sur une seule partie, et c'est alors
qu'elle est plus funeste et dévastatrice.

Comme les terres cultes qui l'avoisinent ne
s'élèvent guères au-dessus de son lit, elle peut
être facilement poussée sur elles, les surmon-
ter, et s'y frayer une route nouvelle ou même
changer son cours.

La tradition et certains indices donnent
lieu de croire, et plusieurs savans ont pensé
qu'il a été un temps où elle a inondé tantôt
la plaine de la Crau, et tantôt les campagnes
de Tarascon; qu'il en a été un autre où elle

avait son cours au midi de Senas , et un autre
où elle passait au nord de Cavaillon ; tandis
qu'aujourd'hui elle coule entre ces deux communes , c'est-à-dire, au nord de la première,
et au midi de la seconde.

Ce qui est arrivé dans un temps pourrait
bien se répéter encore ; il ne serait pas éton-
nant que cette rivière prît un jour une nouvelle
route ; il ne le serait pas qu'elle prît encore
son cours au nord de Cavaillon , et qu'elle
emportât cette belle plaine, cette partie pré-
cieuse de son territoire, devenu le jardin de
la Provence et l'admiration des voyageurs.

Déjà elle y est poussée par toute sorte de
moyens contraires à sa nature; déjà elle est
très-rapprochée du Luberon , quoique sa rive
droite soit notoirement plus élevée que sa rive
gauche. Il ne faudrait qu'une crue forte et
une légère impulsion pour lui faire franchir
la terre culte et lui donner cette direction ,
dans laquelle elle n'aurait plus d'obstacle à
rencontrer.

Ce sont sans doute ces changemens de route
qui ont été la première cause des contesta-
tions qui existent depuis long-temps sur le lit
de cette rivière et sur l'étendue de leurs
territoires, entre les communes que la Durance
sépare.

En changeant son cours et traversant des
terroirs jusqu'alors contigus , elle a nécessai-

rement séparé plusieurs communes d'une partie
de leur territoire ; et cela , joint à ses dévastations continuelles , et aux moyens que chacune d'elles prend pour s'en défendre sans
règle ni direction certaine et uniforme , a
donné lieu à des prétentions, à des aggressions
même , devenues quelquefois dangereuses
pour la tranquillité publique , et pour la sûreté
des personnes et des propriétés.

Cette rivière ne sort jamais de son lit, ou ne
cause de ravages que lorsqu'elle y est poussée
par une force étrangère.

On sait , et c'est une chose naturelle et
incontestable , que dans leur cours les eaux
suivent toujours la ligne droite, si elles n'en
sont détournées par la pente , par un obstacle,
ou par une impulsion quelconque.

Plus elles ont de rapidité et de force , et
mieux elles courent sur cette ligne et portent
leur force sur elle si rien ne les en empêche;
mais aussi,il est bien plus facile de les y contenir
en écartant tout ce qui pourrait les contrarier.

La pente naturelle de la Durance est très-
grande , et c'est ce qui cause sa rapidité ; c'est
ce qui fait qu'on ne peut la comparer à aucune autre rivière , et qu'il faut la considérer
et traiter comme un torrent , quoiqu'elle soit
flotable.

Cette pente la conduit presque en droite
ligne depuis Mirabeau jusqu'au Rhône. Si elle

fait quelques déclinaisons ; elles sont légéres, et elles peuvent facilement être gourmandées et gouvernées par les montagnes qui sont sur sa route.

Si la rivière ne suit pas aujourd'hui cette ligne droite , si elle se jette sur ses bords , si elle les ravage , c'est uniquement parce qu'elle en est détournée par les ouvrages des hommes qui la forcent à s'en écarter , et à se créer à elle-même d'autres obstacles.

On dira peut-être que les torrens qui se jettent sur elle peuvent plus ou moins la re-pousser et la faire dévier de son cours naturel. Mais il est bien difficile , pour ne pas dire impossible qu'ils puissent produire un aussi grand effet, parce que la masse et la force des eaux de ces torrens ne sont jamais supé-rieures à celles de la Durance , surtout dans la partie inférieure au détroit de Mirabeau.

Cependant, comme il ne faut rien négliger de ce qui pourrait paraître influer sur elle ou sur son cours, il sera nécessaire de prendre à cet égard toutes les précautions possibles ; et il sera facile d'empêcher que ces torrens puissent leur nuire , surtout quand les eaux de la rivière seront réunies et concentrées dans un lit fixe.

Il suffira pour cela de donner à ces torrens une direction convenable, et de les faire arriver dans le lit de la rivière en angle aigu , de manière que leurs eaux se joignent aux siennes, s'unissent à elles, et se marient naturellement sans pouvoir se heurter ni se contrarier réciproquement.

La direction de ces torrens sera d'autant plus facile et moins dangereuse, qu'il sera aisé de tracer leur route dans les graviers de la Durance, et d'établir leur jonction aux endroits où celle-ci va couler le long d'une montagne, qui aurait toujours au besoin la force de résister à leurs eaux réunies, de les contenir, et de les diriger dans la ligne droite qu'elles auront à suivre ensemble.

En prévoyant cet obstacle, le seul qui puisse dériver de la nature, j'ai indiqué les moyens nécessaires pour l'éviter et pour rendre solides, non seulement le cours de ces torrens, mais encore leur jonction avec la rivière. Ainsi, quoiqu'il soit peu à craindre, on doit sentir qu'il ne peut plus être à appréhender, et qu'il ne saurait plus altérer en aucune manière le cours naturel de la rivière.

Dès-lors qu'il ne peut plus être détourné ni par la pente ni par les torrens, il ne peut plus être question que de faire disparaître ceux qui proviennent du fait de l'homme, et ceux que celui-ci engendre.

En effet, c'est les ouvrages des hommes qui jusqu'ici l'ont rendue et la rendent vagabonde, inconstante et dévastatrice, et qui sont l'unique cause des maux qu'elle fait,

· Les habitans des deux rives ont toujours fait et font journellement des ouvrages de toute espèce pour s'en défendre et pour la repousser loin d'eux.

Comme son lit n'a jamais été fixé ni limité, comme il n'existe aucune règle ni mesure pour la direction de ses eaux , et par conséquent aucune ligne pour l'emplacement de ces divers ouvrages qui se font sur chaque bord à des distances inégales ; il est de toute impossibilité que ces ouvrages soient faits utilement pour la direction de la rivière elle-même , et pour la conservation des propriétés riveraines.

Ces ouvrages construits par l'intérêt particulier existent isolément ; ils ne se font qu'à cause d'un danger présent ; ils sont hors de la ligne unique qui aurait dû être tracée par un plan général de direction de la rivière ; ils ne peuvent donc servir qu'à la défense de quelques propriétés , encore momentanément ; et ils sont nuisibles aux autres sans que cela puisse s'éviter , puisque les eaux de la Durance vont toujours en serpentant et en lozange , dont les angles plus ou moins grands, suivant leur masse et leur force , varient sans cesse.

Quand dans leur vagabondage et dans les variations de leur force et de leur impétuosité les eaux se précipitent sur eux , ils les répercutent sur la rive opposée , ils les forcent à

B

prendre leur direction à travers le lit de la rivière, et à courir sur le bord opposé qu'elles ravagent, jusqu'à ce qu'une nouvelle force les renvoie sur l'autre.

Ainsi, les eaux repoussées alternativement d'un bord à l'autre, en raison du degré de force et d'impétuosité qu'elles ont et de celui de la répercution qu'elles éprouvent, ne circulent plus qu'en lozange plus ou moins étendu. Elles traversent sans cesse le lit qu'elles auraient dû suivre en ligne droite; elles élèvent dans son sein des montagnes de gravier ou creusent des bas fonds qui opposent de nouveaux obstacles à leur cours naturel, jusqu'à ce qu'une autre crue ait la force de les effacer, d'en créer d'autres, qui tous les écartent de la direction qu'elles auraient dû suivre, et qu'elles auraient suivie sans ces contrariétés et ces obstacles.

Tout cela est cause que la rivière, par ses dévastations, s'est donnée un lit immense dans lequel elle promène ses eaux, dans lequel elle forme quelquefois plusieurs branches qui paraissent et disparaissent suivant l'impulsion qu'elles reçoivent.

A mesure qu'elles s'étendent, elles perdent de leur force et déposent; cela comble et élève le sol du lit, et leur donne le moyen d'en sortir.

Tantôt elles croissent subitement : alors

rien ne leur résiste ; tantôt elles grossissent
petit à petit : alors elles se créent des obstacles , et elles leur donnent une consistance
qui devient funeste. Tout cela dérive de la
variété de leur masse et de leur force , et
de la cause qui produit leur accroissement ,
et fait que tel moyen propre à la contenir
dans une grande crue, devient nuisible quand
elle n'éprouve qu'une crue modérée. Tout cela
est cause qu'aucun des travaux et des ouvrages
que les hommes font construire sur ses bords
et dans son lit, ne peut atteindre au but
qu'on doit se proposer , et qu'ils contribuent
beaucoup à la rendre plus funeste et plus
dévastatrice.

Ce qui ajoute bien davantage encore à la
rendre telle et à l'empêcher de suivre son
cours naturel, c'est la manière avec laquelle
on dérive ses eaux pour l'arrosement des terres.
Ceci donne la preuve la plus forte de la
nécessité de n'en laisser la distribution qu'à
l'autorité royale , qui a seule intérêt à concilier la direction de la rivière avec les intérêts
particuliers , et d'interdire à tout le monde
de faire sur elle et sur ses eaux aucune espèce
d'entreprise.

Chaque commune est avec raison envieuse
de se servir des eaux de la Durance pour
arroser son terrroir , et pour alimenter ses
usines.

Elle établit ses martelières sur la terre ferme, afin qu'elles ne soient pas exposées aux emportemens de la rivière ; mais il faut y faire arriver l'eau par un canal mobile à travers son lit, il faut aller la prendre à la rivière même.

A cause de son inconstance, de son instabilité, de la continuité et promptitude de l'augmentation et diminution de ses eaux, il faut en dériver trois et quatre fois plus qu'il n'en est besoin, afin de n'en manquer jamais, afin de suppléer à ce que ces canaux mobiles perdent, sauf à se débarrasser en route de l'excédent, ou à y ajouter suivant la localité et le besoin.

On la dérive par une multitude d'ouvrages ; on coupe le cours des eaux par des barrages qu'on fortifie, qu'on multiplie et qu'on répète; on saigne la rivière par des tranchées et des ouvertures faites à son bord, on pratique des creusemens profonds qui établissent la pente des eaux vers la terre ferme, on les amène ainsi sur elle, pour de-là les conduire partie dans le gravier, partie le long des terres cultes, et quelquefois en les traversant jusqu'à leur martelières.

Si la rivière est éloignée, si les monceaux de gravier ou les bas fonds ferment le passage, il faut la remonter au loin à de très-grandes distances pour trouver un endroit propice à ces dérivations et moins dispendieux, et amener l'eau de cette manière dans la longueur de cet espace.

A chaque fois que la rivière change son cours, ou bien qu'elle croît ou diminue, il faut renouveller ces ouvrages ou les pratiquer ailleurs.

Toutes ces ouvertures, tous ces barrages, tous ces creusemens si souvent répétés, attirent l'eau sur la terre ferme, lui ouvrent des routes et des pentes faciles dont la rivière se sert, et dont une crue profite pour se jeter sur les terres fermes et y exercer ses ravages.

Ainsi, par une contradiction qui paraît inexplicable, la même main qui s'efforce de repousser les eaux au loin et de s'en défendre, les attire en même temps par mille moyens sur ces mêmes terres qu'elle veut en garantir, et leur donne pour les emporter toute sorte de facilités qu'elles n'auraient pas eues sans eux.

Il est même digne de remarque que tous ces travaux faits en sens contraire, concourent tous également, non seulement à détourner la rivière de son cours naturel, mais encore à la rendre dévastatrice.

La raison en est évidente et sensible, c'est qu'aucun de ces ouvrages, c'est que rien de tout cela n'a été dicté, réglé ni dirigé par la nature de la rivière, par sa direction naturelle, ni par l'intérêt général, auquel l'intérêt particulier se rattache toujours , et dont il est inséparable.

Ce n'est donc point la Durance qu'il faut accuser de ses dévastations et de son inconstance : ce sont les hommes seuls qui en sont la cause, puisque sans eux , sans l'ouvrage de leurs mains , obéissant à sa nature , elle suivrait fidèlement la ligne droite qu'elle lui a prescrite et tracée , et elle formerait elle seule , par sa propre force , ce lit duquel ils la forcent de sortir.

Ainsi, elle est devenue par eux le fléau de la Provence , quand elle pourrait être pour elle une source de prospérité et de richesses.

Considérée comme un torrent qui a son caractère particulier , elle ne peut être bien connue , bien appréciée et bien jugée que par ceux qui habitent ses bords , qui la fréquentent, et qui l'ont étudiée pendant longtemps.

Faire connaître le mal et sa cause , c'est en faire voir et sentir le remède , c'est indiquer la base et l'objet du projet que je propose.

Il ne consiste qu'à suivre la véritable nature de cette rivière , et à lui faire faire ce qu'elle ferait volontairement elle seule.

J'établis d'abord en principe que les eaux de la Durance suivraient naturellement et nécessairement la ligne droite , et ne causeraient jamais aucun dommage , si elles n'en étaient détournées par les ouvrages des hommes.

Je ne pense pas que ce principe puisse être contesté, si l'on connaît bien la localité, la nature de son cours, et ce qui l'en écarte, ainsi que je l'ai démontré.

De-là il suit qu'il suffit de la rendre à sa propre nature, à sa liberté naturelle ; mais puisqu'elle ne peut plus toute seule prendre sa direction en ligne droite, il faut la lui donner telle qu'elle pourrait la choisir elle-même, l'aider dans sa marche, en écarter tout ce qui pourrait la contrarier, et y soumettre entièrement tout ce qu'on peut faire pour elle ou contr'elle, tout ce qu'on peut désirer d'elle, de manière qu'elle commande aux hommes et aux choses au lieu de leur obéir.

Il faut qu'elle fasse ou qu'elle donne volontairement tout ce qu'on ne pourrait pas sans danger vouloir la forcer à faire ou à donner.

S'il est nécessaire que son lit ait assez de largeur pour suffire à ses plus grandes crues, il faut aussi qu'il n'en ait pas trop, afin que ses eaux ne puissent pas avoir, dans certaines crues, la facilité de s'étendre, de perdre de leur force, de déposer ce qu'elles charient, de combler leur lit, et de se donner ainsi des obstacles ou des moyens d'en sortir.

Rien n'est plus dangereux pour un torrent que de lui donner cette facilité en lui laissant trop de largeur, parce que le volume de ses eaux et leur force variant à l'infini, leur médiocrité devient bien plus nuisible que leur excès.

Quand les eaux débordent à cause de leur surabondance, elles peuvent bien faire quelque ravage, mais jamais autant que, si après avoir comblé leur lit dans une crue médiocre, elles en sortaient, et portaient leur impétuosité et leur force sur un autre direction.

Quand même le lit serait trop étroit, les eaux coulant dans son centre y porteront toujours leur pesanteur et leur force ; elles le rendront toujours plus profond et plus solide, parce qu'elles agiront sur elles-mêmes et sur lui, et elles ne laisseront échaper que leur surabondance, qui se répandant également sur ses bords s'étendra sur les possessions riveraines, et les couvrira de limon et d'engrais au lieu de leur nuire, à moins qu'elle ne rencontrât une nouvelle pente qui lui donnât un cours particulier.

Il faut donc ici deux choses : d'abord, que son lit n'ait que la largeur absolument nécessaire pour contenir ses eaux dans toutes les circonstances ; ensuite, construire ce lit de manière que les eaux aient leur cours dans son centre sans pouvoir en dévier ; et qu'elles portent sur ce point unique toute leur pesanteur et leur force, tant dans les grandes que dans les petites crues.

La largeur de 140 toises m'a parue propre

à remplir parfaitement mon objet ; j'avoue même que je serais plus enclin à la réduire qu'à l'augmenter. J'en juge non seulement par la connaissance que j'ai de cette rivière mais encore par l'expérience.

Au detroit de Mirabeau elle n'a que 95 toises de largeur, et il est bien rare qu'il y passe un volume d'eau plus grand que ne peut en contenir celle de 140 toises.

Le pont de Bon-pas construit dans la partie inférieure de la Durance, dans un lieu où elle a reçu toutes les eaux qu'elle porte au Rhône, a une longueur de 230 toises, qui forment la largeur de son lit; mais celle-ci excède de beaucoup ses besoins.

Non seulement jamais les eaux n'ont rempli ni excédé cet espace, mais encore elles ont formé sous le pont, au milieu du lit, une isle qui résiste à ses crues.

La formation de cette isle provient, il est vrai, de ce que la largeur du lit est beaucoup plus grande au dessus du pont ; mais il n'en résulte pas moins qu'elle l'est trop sous le pont même et que cette isle en rend une partie inutile.

Si cette largeur excède ses besoins dans ce lieu, il faut nécessairement la réduire, surtout dans la partie supérieure, parce que la rivière y contient un volume d'eau bien moins grand ; attendu qu'elle reçoit plusieurs torrens

C

au dessous de Mirabeau , et que celui du Coulon
le plus considérable de tous ne se joint à elle
qu'à peu de distance du pont.

D'ailleurs à mesure que le lit sera dirigé en
ligne droite , que ses eaux auront plus de pente
et de rapidité et qu'elles porteront leur masse et
leur force dans son centre , elles le creuseront ,
et il portera nécessairement un plus grand
volume d'eau.

Il est nécessaire d'établir la direction et le
cours des eaux dans une espèce de canal pra-
tiqué au milieu du lit , pour fixer la ligne
qu'elles doivent suivre d'une manière invariable
dans les grandes et dans les moyennes crues ,
et pour empêcher qu'elles puissent jamais varier.

Cette rivière n'est inconstante que parce que
elle a toute facilité pour varier dans son cours ,
parce que rien ne s'oppose à ce qu'elle en
change. Elle n'est nuisible que parce qu'elle ne
peut pas rester dans sa ligne droite. Il faut
donc que son lit soit fait de manière qu'elle
ne sorte jamais de cette ligne , que son point
central soit toujours le même , quel que soit le
volume de ses eaux , et qu'elles coulent toujours
dans le même canal.

Alors elles porteront toujours et dans toutes
les variations de leurs crues , leur masse , leur
pesanteur et leur force sur ce point unique ;
elles n'agiront et ne pourront agir que sur lui ,
et plus elles agiront sur lui, plus elles rendront

ce lit profond et solide, et moins elles auront
la possibilité d'agir sur leurs flancs ni ailleurs.

Alors l'unique effet des crues grandes ou
petites sera de s'élever ou de s'abaisser dans
cette ligne sur elles-mêmes, sans porter leur
direction sur aucun autre point, et il n'y aura
jamais que la surabondance d'eau qui puisse
s'étendre, même déverser ; mais elle s'étendra
sans force et sans danger pour ses côtés.

Le point principal de la difficulté dans une rivière dont la force et le volume des eaux varient
à l'infini, est sans doute de lui donner un lit qui
serve à toutes ses variations, qui soit également
nécessaire et utile à chacune d'elles, qui se
prête à tous les cas, et qui soit tel que les eaux
le suivent toujours et qu'il ne puisse en sortir
que ce qu'il ne pourra pas contenir, à l'instar
d'un vase dont les eaux versent quand il est
plein, parce qu'alors ce versement ne peut
plus avoir la force ni la malfaisance qu'avait
la masse entière, ni faire le même mal.

C'est pour atteindre à ce but, qu'en donnant
une largeur suffisante au lit, j'ai cru nécessaire
de creuser dans son centre un canal qui fixe le
cours et la direction des eaux, en sorte qu'il
fasse l'effet de ce vase, qui ne déverse que
quand il est plein, et qui ne laisse échapper
que des eaux superflues et sans vigueur.

Mais en même temps il résulte de-là qu'il n'est
pas besoin d'une barrière bien forte pour con-

tenir les eaux dans leur lit, puisque toute leur impétuosité et leur force se porteront au centre en ligne droite, puisqu'elle n'agira que pour empêcher l'extravasation de ses eaux superflues.

Cette barrière qui doit former le bord du lit dans toute sa longueur, je la construis en pieux entrelacés de fascines, soutenus par des chevalets et fortifiés par une chaussée en terre et gravier, ayant trois toises d'épaisseur, soutenue en dehors par d'autres pieux moins forts, en sorte qu'elle aura une épaisseur de trois toises et une hauteur de huit pieds.

Je ne lui donne pas une hauteur plus grande, d'abord, afin qu'elle soit plus forte, ensuite afin de me ménager un moyen de laisser déverser les eaux bourbeuses surabondantes pour combler les terres et graviers qui seront gagnés par cet encaissement, et qui sans cela seraient à jamais infructueux.

Je veux bien donner à la rivière des bords solides et durables ; mais en même temps je veux concilier avec leur solidité l'utilisation des terres et des graviers que je ne puis obtenir que par-là ; et cependant me réserver le moyen d'empêcher ce déversement quand il sera devenu dangereux ou même inutile, ou bien quand je le voudrai.

Par le moyen de ce déversement des eaux bourbeuses, les terres latérales se couvriront de limon et d'engrais, se combleront, s'élève-

ront au niveau de cette barrière, et ne forme-
ront plus qu'un corps avec elle ; ce qui la rendra
parfaitement solide et inexpugnable ; et l'on
conçoit tout le soin, tout le ménagement et tout
le temps que cela exige.

. S'il arrive ensuite que ces eaux surabondantes
puissent devenir dangereuses, qu'elles nuisent
aux terres latérales devenues cultes, il me sera
très-facile d'empêcher leur déversement en
construisant une seconde barrière de même
nature en arrière et à la distance convenable
de la première ; laquelle en ajoutant à la largeur du lit tout ce qui pourra lui être nécessaire,
donnera à ses bords une nouvelle élevation qui
surpassera celle de toutes les eaux que la rivière
pourra contenir en quelque circonstance que
ce soit.

S'il est vrai que les eaux coulant en ligne
droite dans la route que je leur ai tracée au
centre du lit portent sur ce point seul toute leur
impétuosité et toute leur force ; il l'est aussi
qu'elles y courront avec plus de rapidité,
qu'elles le creuseront davantage, et qu'alors
non seulement le lit portera un plus grand volume d'eau, mais encore que ses bords en seront
plus exhaussés et fortifiés, et qu'ils acquerront
de plus en plus toute la solidité qu'on peut
désirer.

Qu'on ne dise donc pas que ce lit ne sera pas
assez large et que ses bords ne seront pas assez
solides.

J'ai fait voir par l'expérience même que la largeur que je donne au lit est plus que suffisante ; j'ai fait voir que la manière avec laquelle je la borne me laisse la facilité d'augmenter sa largeur sans altérer en rien le cours de ses eaux et sans leur laisser aucun moyen de sortir de cette ligne droite qu'il faut absolument qu'elles ne quittent jamais pour que le lit s'accommode à toutes les crues de la rivière, grandes, petites et moyennes, et qu'il soit également utile à toutes, de manière qu'aucune d'elles n'en souffre ni ne l'altère.

Mais, dira-t-on ici, cette ligne droite ne peut pas être observée dans tout l'espace que la rivière a à parcourir depuis le détroit de Mirabeau jusqu'au Rhône, parce qu'elle ne peut y arriver sans faire des sinuosités qui font éprouver aux eaux ces mêmes contrariétés, ces mêmes répercutions qui les irritent, qui les font dévier, et qui les rendent inconstantes et dévastatrices.

La courbe que la rivière forme dans cette distance est légère et peu considérable, de manière que ces sinuosités sont également petites. L'inspection de la carte suffit pour s'en convaincre.

Comme il y a de distance en distance dans l'espace que cette rivière parcourt, des montagnes qui la bordent, je me sers de celles-ci pour recevoir ses eaux, pour les diriger dans

la ligne droite qu'elles doivent suivre, et pour
corriger 'ces sinuosités, en caressant les eaux
de manière qu'elles n'éprouvent aucune contra-
riété, aucune répercution, et qu'elles passent
d'une ligne à l'autre volontairement et par le
pur effet de leur impulsion naturelle.

Je les conduis en ligne parfaitement droite d'une
montagne à une autre, je fais arriver les eaux
contre chacune d'elles par une ligne droite et
caressante ; ce n'est que par elles que je les
conduis d'une manière insensible et naturelle
dans la nouvelle ligne qu'elles ont à parcourir, et elles ne les quitteront qu'après
avoir reçu et pris paisiblement cette nouvelle
direction que rien ne les empêchera plus de
suivre et qu'elles suivront nécessairement par
l'effet de leur volonté ; en sorte qu'elles ne
feront que ce que leur propre nature et le caractère de cette rivière leur prescrivent.

Je leur fais parcourir tout cet espace de cette
manière, sans que rien puisse les détourner de
cette ligne que je leur assigne. J'ai le plus grand
soin de la marquer d'une manière éternelle au
moyen des phares que je construis de distance
en distance.

Cette ligne que je leur assigne, ce n'est ni moi
ni ma volonté qui la choisissent, c'est la localité
seule qui la donne. Je suis obligé moi-même de
m'y conformer pour m'accommoder au caractère de la rivière et à la pente naturelle de son

sol, et pour lui épargner des déclinaisons contraires à sa nature, trop grandes ou trop difficiles.

J'ai suivi la direction de la ligne la plus droite, celle qui présente le moins de sinuosités ou les sinuosités les plus légères et les plus faciles à corriger, parce que le caractère de cette rivière l'exige ainsi, et parce que c'est, ce me semble, le vrai et le seul moyen de conduire ses eaux plus facilement au terme de leur course.

Ainsi dans la plaine, les eaux suivront natu-rellement et dans toute leur liberté la pente naturelle et la ligne droite qu'elles aiment tant et auxquelles j'obéis fidèlement. Elles la suivront d'autant mieux, que la route leur en sera tracée avec soin et de manière qu'elles ne puissent pas en sortir, mais seulement laisser échapper la surabondance des eaux à mesure qu'elles augmenteront et s'éleveront.

Arrivées aux montagnes qui se trouveront sur la ligne de leur bord et qu'elles viendront elles-mêmes cotoyer, elles ne feront que les suivre et les caresser ; mais en même temps caressées par elles, elles recevront insensiblement une nouvelle direction et ne les quitteront que pour la suivre naturellement et par le seul effet de leur impulsion.

En suivant cette impulsion naturelle, elles courront toujours et seront obligées de courir dans ce canal que je leur ai tracé au milieu de leur lit; elles y porteront leur masse , leur pesanteur et leur force. Toute leur impétuosité se concentrera sur ce point central qui sera en ligne droite et deviendra toujours plus profond.

Dès-lors elles ne pourront jamais attaquer ni leurs bords ni leurs barrières, parce qu'elles ne seront pas opposées à leurs cours ni à leur direction , parce qu'elles leur seront presque étrangères.

Ces barrières étant sur leurs flancs et hors de la ligne qu'elles suivront, ne pourront ni les irriter ni les gêner en aucune manière; elles n'auront qu'à contenir les eaux latérales qui sont toujours sans force et sans vigueur, et à empêcher ou arrêter leur extravasation. Elles rempliront cet objet d'autant plus aisément que le lit de la rivière formera un glacis qui ira en s'élevant jusqu'aux barrières qui en seront plus hautes , et que les eaux n'arriveront à elles que lorsqu'elles auront acquis un certain volume dont les extrêmités latérales seront faibles et ne pourront pas être nuisibles.

Ainsi ces barrières déjà très-fortes par elles-mêmes, par la manière dont elles seront construites et fortifiées , et par la solidité qu'el-les acquerront avec le temps, seront plus que suffisantes pour contenir dans tous les temps les eaux de cette rivière , et il n'est pas à

D

craindre que jamais elles puissent être emportées tant qu'on évitera que la rivière porte
contre elles sa direction et ses efforts.

Si donc il est vrai, s'il est démontré que
la largeur du lit telle que je l'indique et
telle qu'elle sera, quand toutes ces barrières
seront faites et perfectionnées, soit assez
grande : s'il l'est aussi que ces barrières seront
assez fortes pour contenir les eaux dans leur
lit, il l'est également que j'aurai trouvé le
moyen le plus simple, le plus naturel, et le
plus sûr d'encaisser cette rivière, et de prévenir tous les maux qu'elle fait, même le
danger de lui voir un jour changer encore
son cours, et porter la destruction et la mort
dans d'autres contrées florissantes de la Pro-
vince, comme elle l'a fait autrefois.

Les moyens que j'emploie sont ceux de la
nature elle-même, dont je m'efforce de ne
pas m'écarter ; j'obéis bien plus à la volonté
de cette rivière, que je ne cherche à lui
commander, et je suis convaincu qu'il est impossible de l'utiliser autrement.

A la vérité il faut pour cela beaucoup de soin,
beaucoup d'attention ; il faut beaucoup plus
d'art que de force ; mais c'est en conciliant sa-
gement l'un avec l'autre, qu'on peut parvenir
à rendre cette opération parfaite.

Je n'entrerai pas ici dans l'explication des
moyens à prendre pour exécuter ce projet ;

d'abord , parce que ce détail doit être l'affaire de l'exécuteur ; ensuite parce qu'il exigerait une dissertation beaucoup trop longue.

Je sais bien que cette exécution présente une multitude d'obstacles et de difficultés , surtout si on considère l'impétuosité , les vicissitudes de cette rivière , la rapidité de ses crues et leur force. Je sais bien que tout cela contribuera beaucoup à augmenter les dépenses et les travaux ; mais ce ne saurait être un empêchement à l'exécution d'une opération aussi nécessaire , parce que tous ces obstacles peuvent être vaincus par la prudence , et par une sage direction.

Il me suffit d'avoir prouvé que mon projet est réellement le seul bon et efficace; qu'il peut remplir parfaitement l'avantage de l'État et de la Provence , pour faire sentir la nécessité de l'adopter et de l'exécuter.

Mais , me dira-t-on encore , il ne suffit pas d'enchaîner cette rivière , il faut en utiliser les eaux , et par conséquent les dériver sans nuire au lit , au cours des eaux , ni aux propriétés riveraines , et c'est ici ma seconde proposition.

J'ai renfermé les eaux entre deux barrières qui régnent sans interruption dans toute la longueur de l'espace qu'elles ont à parcourir ; il s'agit maintenant de les en faire sortir , d'en dériver ce dont on a besoin , sans rompre ces barrières , et en évitant les maux et les dangers que j'ai signalés quand j'ai parlé des prises d'eau dont on use actuellement.

Pour atteindre à ce but, je construits et j'attache contre chacune des montagnes que les eaux sont obligées de mouiller et de cotoyer, des digues en pierre assez longues et assez fortes pour remplir mon objet.

Jé les établis sur la ligne du bord que j'ai assigné au lit de la rivière, et je veux que ces digues portent les martelières nécessaires pour recevoir toutes les eaux dont on pourra avoir besoin pour l'arrosement des terres, et pour le service des usines de toutes les contrées inférieures, dans lesquelles les eaux pourront atteindre.

Ces digues seront ainsi destinées d'une part à diriger les eaux dans la ligne de direction qu'elles auront reçue et qu'elles devront suivre, et de l'autre à fournir toutes les eaux qu'on voudra dériver.

Les martelières doivent être placées là, et ne peuvent être placées que là ; parce que les eaux coulant le long et contre les montagnes qu'elles mouilleront toujours par l'effet de leur direction, y entreront naturellement, et sans que cela puisse nuire à leur cours. Ainsi ces martelières les recevront sans peine et sans difficulté, parce qu'elles couleront toujours devant elles.

S'il arrivait que par un événement qui paraît

impossible les eaux prissent leur cours vers l'autre bord , et qu'elles s'éloignassent de ces martelières, c'est-à-dire , qu'il fallût aller les prendre et les dériver à travers le lit pour les y ramener ; on le pourrait facilement et sans danger , parce qu'on les ferait arriver au-dessus des martelières , contre la montagne qui les conduirait dans leur route naturelle devant elles et les ramenerait ainsi dans leur direction.

Ces prises d'eau ou ces dérivations , qui jusqu'ici sont si funestes aux propriétés riveraines , et qui les livrent aux emportemens de la Durance , ne pourraient plus attirer les eaux sur elles , ni les détourner de leur cours naturel, elles ne pourraient que les ramener le long de la montagne à laquelle elles ne peuvent pas nuire , et les rendre utiles , parce qu'elles seraient subordonnées au plan général de la direction de la rivière , et parce qu'elles la favoriseraient.

Ainsi , ces martelières étant établies d'une manière conforme au caractère de la rivière et au cours de ses eaux , recevraient celles dont on aurait besoin , et en telle quantité qu'on voudrait. Elles les recevraient de la rivière elle-même naturellement , et par un pur effet de son impulsion, sans que cela puisse nuire au lit , au cours des eaux , ni aux propriétés voisines.

Ainsi, on aurait le moyen d'en fournir autant

qu'on voudrait aux contrées même les plus éloignées qui ont le droit d'en jouir et qui pourraient en profiter ; et de porter partout où il serait possible la fertilité, l'industrie, et l'abondance.

Mais comme ceci est un point majeur d'utilité publique, il doit être l'objet particulier d'un réglement général d'administration, qui ne peut être que l'ouvrage de l'autorité royale, à laquelle seule il appartient d'ordonner ce qui est nécessaire à l'intérêt de tous, et d'en régler l'ordonnance par sa sagesse. Il est donc absolument étranger à mon sujet ; je me borne à l'indiquer comme une suite et un effet naturel du projet que je propose, et pour faire sentir combien ses avantages ont de rapports intimes avec les droits de chacun et avec la prospérité de l'État, et combien ils s'étendent au loin.

Cependant, il pourrait se faire que l'intérêt d'une contrée exigeât qu'on établit une ou plusieurs prises d'eau ailleurs qu'aux digues que j'ai indiquées comme devant être les points uniques des dérivations de la Durance, et qu'on fût obligé de les placer dans la plaine, sur la ligne de la barrière que j'ai établie pour le bord de la rivière.

Comme alors il serait dangereux de nuire au cours des eaux ; comme on ne pourrait les détourner de leur ligne droite sans déroger à leur direction et à l'uniformité du plan, j'ai cru devoir indiquer les précautions à prendre pour prévenir ces inconvéniens, et pour garantir le cours des eaux le mieux qu'il est possible.

Mais, il est à désirer que jamais on n'ait recours à ce moyen, parce que je suis persuadé que cette facilité finirait un jour malgré tous les soins et toute l'attention possibles, par nuire au plan général, et que les eaux pourraient perdre leur ligne et leur direction.

Les martelières que je place à chaque digue, et qu'on pourra multiplier autant qu'on voudra, suffiront sans doute pour dériver toutes les eaux qu'on pourra désirer, et pour en fournir à tous ceux qui en auront besoin, en réglant leur conduite et leur distribution, par la mesure générale dont j'ai parlé.

Comme la rivière et son lit ne peuvent appartenir qu'à l'État; comme il n'y a que l'autorité royale qui puisse faire le bien de tous, et le faire avec la sagesse et la prudence convenables; j'ai cru qu'il était indispensable que le Roi fût seul maître de la rivière, de son lit et de ses bords, et seul distributeur des eaux; qu'il fût seul chargé de les fournir et de les conduire au-delà de ses rivages, afin que personne autre que lui ne puisse y mettre la main, sous quelque prétexte que ce puisse être, et contrarier ses opérations ou sa marche;

car l'intérêt particulier se met toujours en opposition avec l'intérêt général.

Tout comme il n'y a que l'unité du plan qui puisse captiver cette rivière et la rendre utile à tous, tout de même il n'y a que l'unité de son administration qui puisse assurer la durée et la solidité de son encaissement, et prévenir tous les dangers possibles; et il n'y a que le Roi qui ait la puissance et le moyen de concevoir ce plan général, de le faire exécuter, et d'en maintenir l'exécution par la sagesse et l'unité de son administration.

En expliquant mon projet, en fesant connaître comment j'entends parvenir à encaisser la Durance, et à en faire servir les eaux à l'utilité générale, je crois avoir démontré sa bonté et son efficacité, et je ne crois pas que personne puisse les révoquer en doute.

On a vu qu'il repose sur des principes qui sont incontestables, qui découlent de la nature elle - même; que les moyens dont je me sers sont conformes au caractère de cette rivière et à la localité; et par conséquent, qu'il est impossible qu'ils ne remplissent pas mon objet.

La critique s'attachera peut-être à son exécution et aux difficultés qu'elle présente; mais je n'ai pas caché que je les ai prévues; et cela suffit pour celui qui se charge d'exécuter, et qui en prend le danger sur lui-même.

Je dis que cela suffit, parce que ce serait sortir de la question que je traite et qui a pour unique objet la bonté et l'utilité du projet, que de vouloir rechercher comment je l'exécuterai, et juger ce qui y est étranger, c'est-à-dire, une chose inconnue.

On ne m'accusera pas de vouloir exposer l'État à des dépenses inutiles, puisque, en me chargeant de l'exécution de mon projet, je ne lui demande ni avances ni secours, et puisque loin de le soumettre à aucune charge ni l'exposer à aucun danger, je lui présente, outre un bénéfice considérable, tous les avantages que l'intérêt public de l'État et celui de la Provence peuvent recueillir de cette opération par l'amélioration de l'agriculture, de l'industrie, du commerce et de la population.

A la vérité, je demande une indemnité; mais cette indemnité est subordonnée au succès; elle ne saurait être onéreuse à l'État, puisqu'elle ne consiste, en ce qui le concerne, qu'en une partie de ce qu'il gagne par l'encaissement, gain qu'il ne peut avoir que par lui et qu'il n'aurait pas sans lui.

La loi du 16 septembre 1807 veut que tous ceux qui retirent un avantage d'une opération de cette nature contribuent également en raison de cet avantage à l'indemnité de celui qui en a fait la dépense.

Si on considère l'importance de l'objet,

E

les difficultés à vaincre et la grandeur des dépenses à faire, on sentira aisément que la rétribution du tiers des bénéfices ne saurait être excessive ni onéreuse à personne.

Je distingue diverses espèces de propriétés contribuables. La rivière elle-même ou son lit, le droit de motte-ferme, celui d'alluvion, et les possessions riveraines.

Quand je dis la rivière et son lit, je veux dire tout le terrein qu'elle occupe, dans lequel elle promène ses eaux par intervalles, ou bien qu'elle en couvre de temps en temps dans ses variations et dans ses crues, et que l'encaissement mettra dans le commerce. Ce terrein appartient à l'État.

Le droit de motte-ferme est le droit qu'a le propriétaire qui a perdu une partie de sa propriété par les emportemens de la rivière, de la recouvrer quand il en a conservé une partie quelque petite qu'elle soit.

Ce droit est l'exercice d'un droit de propriété duquel on n'a jamais été dépouillé et dont on n'a jamais cessé de jouir; il est donc naturel et inviolable.

Un arrêt du Conseil, de 1728, avait restreint ce droit et attribué à l'État cette portion emportée, lorsqu'elle avait été inondée et qu'elle avait fait partie du lit de la rivière pendant 10 ans.

Mais nos lois nouvelles ont abrogé cette restriction au droit de propriété légitime, puisqu'aux termes de la Charte elles sont toutes inviolables.

Il en est qui ont prétendu que le droit de motte-ferme avait été aboli par les lois et par le silence du code civil, mais ils se sont livrés à une erreur bien grande.

S'il est vrai que toutes les propriétés sont inviolables; il l'est aussi que personne ne peut être privé de la sienne que par les moyens indiqués par le code; or celui-ci ne parle nullement de cette restriction au droit de propriété.

C'est ce silence même joint à la disposition de la Charte qui rend à tous les droits de propriété toute leur puissance et toute leur force, qui fait que personne ne peut plus perdre les siens autrement que par les moyens que la loi établit, et qu'il n'est au pouvoir de personne en France de l'en dépouiller; par conséquent que ce droit de motte-ferme est sacré, puisqu'il ne consiste qu'à ne pas perdre une propriété légitime.

L'alluvion au contraire est le droit d'acquérir; c'est un droit qui profite au propriétaire riverain. Il consiste aux atterrissemens et accroissemens qui se forment successivement et imperceptiblement à leurs fonds.

La loi le leur donne en indemnité de ce qu'ils sont exposés à perdre, mais elle ne leur donne que ce qui est devenu étranger au lit de la rivière au moyen de cet accroissement insensible à leur fond par la retraite absolue des eaux, c'est-à-dire, ce qui est rentré dans le commerce en devenant susceptible d'être mis en culture.

C'est donc un moyen d'acquérir qui diffère du droit de motte-ferme, en ce' que celui - ci n'est [autre chose que la conservation de ce qu'on a ; et du droit de propriété de la rivière, en ce que celui-ci embrasse tout ce qui compose son lit, ce qui en fait partie ; tandis qu'il ne s'applique qu'à ce qui en est dehors et qui lui est devenu étranger.

Les possessions riveraines sont toutes celles qui sont voisines de la Durance, de quelque nature qu'elles soient, et dont la valeur et l'utilité augmenteront par suite de l'encaissement de cette rivière.

Toutes ces diverses espèces de propriétés doivent nécessairement y contribuer en raison de ce qu'elles ont à gagner par lui. J'ai dû les distinguer et les faire connaître', afin de donner la mesure de l'indemnité que je réclame, et sans laquelle il ne serait jamais possible à personne, pas même à l'État, d'entreprendre une dépense aussi considérable, sans espoir de récompense ou d'indemnité.

J'ai dû établir cette distinction, parce que faute de l'avoir faite, faute d'avoir remonté aux vrais principes et d'avoir examiné quels étaient les vrais propriétaires, leurs droits et leur participation aux dépenses , il n'a jamais été possible d'exécuter les divers projets d'encaissement présentés au Gouvernement ; parce que les prétentions des uns ou des autres en ont toujours empêché l'exécution.

Avant la révolution les seigneurs riverains se disaient maîtres du lit de la Durance et de tous ses bords ; ils s'attribuaient toutes les iscles , islots et attérissemens, qui composent son lit , et n'accordaient au Roi que la place , toujours variable , que les eaux occupaient ; ce qui rendait la propriété de l'État aussi inconstante qu'illusoire , et l'autorité royale vaine ; ils s'attribuaient non seulement ce que la rivière occupait présentement , mais encore tout ce qu'elle pourrait conquérir dans l'avenir; de sorte qu'ils pouvaient acquérir , aliéner, réacquérir mille fois le même sol , par l'effet des variations et des emportemens de la rivière.

Ils prétendaient avoir exclusivement le droit, le pouvoir et la facilité de repousser la rivière loin d'eux sur les terres cultes opposites , pour envahir le terrein qu'elle délaisserait. Les bornes du monde ne pourraient pas en être une pour un tel droit.

Les uns se fondaient sur leurs seigneuries; les autres sur des concessions des Comtes de Provence ; et ceux qui se trouvaient vis-à-vis du Comtat s'efforçaient d'abuser de la faiblesse et de la modération du gouvernement du Saint-Siége.

Ce sont ces prétentions et l'impossibilité de concilier les intérêts de ces riverains qui voulaient recueillir le bénéfice de l'encaissement, sans y contribuer, qui l'ont toujours fait échouer.

Elles l'ont fait échouer, parce qu'on les a trop respectées, parce qu'au lieu de remonter aux vrais principes et de distinguer les droits de chacun, on a perdu de vue les droits de la Couronne et l'intérêt de l'État.

Il en est encore aujourd'hui qui ont le courage de reproduire ces prétentions, qui même les augmentent, qui se disent propriétaires des deux bords de la rivière en les décorant du titre de domaine utile, et qui sous ce prétexte cherchent à envahir les possessions de la rive opposée.

Il y a plus : des communes veulent se mettre à la place de leurs seigneurs ; elles élèvent les mêmes prétentions ; ce qui établit un état de guerre entre les départemens et les communes limitrophes de la Durance.

Il est donc nécessaire de mettre chacun et chaque droit de propriété à sa place, afin que l'autorité royale puisse user de ses droits, que l'intérêt public puisse être rempli, et que l'encaissement puisse être fait et indemnisé suivant le vœu de la justice et de la loi.

Ces prétentions , qui dans les idées et dans les usages d'alors pouvaient avoir quelque puissance ou influer sur la marche du Gouvernement , ne le peuvent plus aujourd'hui ; parce que les vrais principes de la Monarchie reposent sur des bases nouvelles et pures , parce qu'ils ont repris toute leur force et tout leur empire , et parce que la Charte en remettant à neuf la machine monarchique , a rendu à l'État tout ce qui lui appartient et à la Couronne tous ses droits.

Le droit qu'ils veulent exercer tant sur le passé et sur le présent que sur l'avenir , ne peut être considéré que comme un privilége ou comme un droit régalien appartenant à la Couronne.

Il ne peut l'être comme une propriété , puisqu'il n'a aucune consistance réelle, certaine et positive , parce qu'il est tout éventuel , indéfini et indéterminable, c'est-à-dire , parce qu'il n'a aucun caractère de propriété effective, de possession , ni de jouissance.

Si on le considère comme un privilége , il a été aboli par toutes nos lois ; il l'est par sa nature même , et par toutes les vicissitudes que le gouvernement de la France a éprouvées.

Si on voit en lui un droit régalien de la Couronne , il est une émanation de la souveraineté , une branche de l'autorité royale , puisqu'il s'agit de l'administration d'une chose publique, qui est à l'usage de tous, nécessaire à tous ; et il n'y a plus en France que le Roi qui puisse l'administrer, et faire des actes de souveraineté, ainsi que le prescrit la Charte.

Dans l'un et l'autre cas, ils ne peuvent plus exercer aucun droit sur cette rivière, qui est une propriété publique appartenant à tous, servant à l'utilité de tous.

Dira-t-on que ces concessions n'ont pour objet que le don d'une propriété territoriale utile, que nos lois déclaraient aliénable, ou dont l'aliénation a été confirmée ? En ce cas il faut les réduire aux propriétés aliénables, alors existantes, et cesser de les appliquer à un droit qui pourrait embrasser les temps passés, le présent et l'avenir ; parce que ce droit, loin d'être une propriété aliénable, est un droit de la royauté.

En ce cas, ces concessions ne peuvent altérer en rien les droits de l'État et de la Couronne sur le lit actuel de la rivière, parce que les propriétés aliénables auxquelles il faudrait les appliquer, ont, depuis cette époque, cessé de faire partie de son lit.

Que, si on veut que ces concessions aient eu leur effet jusqu'à la révolution, jusqu'au moment où ce droit a été aboli par nos lois, ils ne peuvent prétendre que les propriétés aliénables qui, à cette dernière époque, leur étaient acquises, et nullement ce qui depuis lors est devenu par la force des principes et des choses, la propriété de l'État, et qui de sa nature est absolument inaliénable.

Ainsi, de quelque manière qu'on veuille considérer ces concessions, et les droits qu'ils veulent s'attribuer par elles, elles ont été abolies et ils ne peuvent posséder que les propriétés qui leur étaient acquises au moment de la révolution, parce qu'il n'y a plus, parmi nous, que le Roi qui puisse exercer ces droits, posséder la chose publique et acquérir ce qui rentre dans le commerce.

Mais il y a plus : les Princes en donnant ces concessions n'ont pu donner et n'ont donné réellement que ce qu'ils possédaient eux-mêmes, et qui était aliénable ; ils n'ont pas pu transmettre à ces concessionnaires de plus grands droits qu'ils n'en avaient, d'autres droits que ceux dont ils avaient la disposition. Dès-lors, ils ne leur ont concédé ni ce qui servait à l'utilité publique, et dont ils n'avaient que l'administration par l'effet de l'autorité royale, ni le droit de motte-ferme, qui était la propriété du riverain, ni le droit d'alluvion, que les lois d'alors comme celles d'aujourd'hui attribuent aux propriétés riveraines, et bien moins encore les possessions d'autrui.

F.

Leurs concessions se bornaient donc et ne pouvaient embrasser que ce qui était et est étranger au lit de la rivière ; à la propriété publique et aux droits des riverains.

Ainsi dans quelque sens qu'on veuille raisonner , de quelque manière qu'on veuille interpréter ces concessions et en faire l'application, on ne pourrra jamais venir à bout de s'en faire un titre pour envahir le lit actuel de la rivière , soit qu'on le dénomme *domaine utile* , soit qu'on l'appelle d'une autre manière , puisque dans le lit de la rivière il n'y a point et il ne peut pas y avoir de domaine utile.

Le domaine utile est celui qui est susceptible d'être mis en culture et dans le commerce. Or il ne peut pas y en avoir dans le lit de la rivière.

Ces isles qui pendant quelques saisons de l'année sont hors des eaux , en sont submergées dans d'autres ; elles sont insusceptibles de recevoir aucune culture ni de rien produire par le fait des hommes , parce qu'elles n'ont rien de stable ni de solide. Quel serait celui qui oserait les cultiver et les mettre en état de production , quand il sait qu'il est dans l'année un temps où elles sont sous les eaux , quand elles sont en danger d'être emportées à chaque instant , quand elles n'ont aucune communication réelle avec la terre ferme ? C'est donc une erreur de les appeler domaine utile.

Quand je dis le lit de la rivière, je veux dire
tout le terrein qu'elle occupe, qu'elle rend in-
culte et qu'elle met hors du commerce, parce
que ses eaux le parcourent successivement et
par intervalle, puisqu'elles le couvrent de
temps en temps tantôt en partie, tantôt en totalité, et parce qu'il est sans cesse sous leur
main, sous leur puissance, sous leur action,
ce qui embrasse nécessairement tous les graviers, les isles, islots qu'elle contient et
qu'elle submerge ou emporte de temps à autre.

Puisqu'il est dans la nature et dans le caractère de cette rivière qu'elle soit inconstante
et vagabonde, qu'elle coule tantôt çà tantôt
là, qu'elle inonde et couvre de ses eaux tantôt
une partie de cet espace, tantôt sa totalité ;
il est aussi dans la nature des choses que tout
cet espace forme son lit, qu'il en est inséparable, et que ce lit ne peut être réduit à la
place occupée momentanément par les eaux,
parce que ce qu'on en retrancherait aujour-
d'hui redeviendrait demain partie du lit par le
pur effet de son inconstance ou d'une inonda-
tion.

Il est donc de toute impossibilité de diviser
cet espace et de le considérer comme étant en
tout ou en partie étranger au lit de la rivière.

C'est parce qu'il ne peut pas lui être étranger,
c'est parce que l'empire que les eaux exercent
sur toute cette étendue la sépare invinciblement

des terres cultes et la met tout-à-fait hors du commerce, que l'on a toujours cherché à encaisser cette rivière, comme étant le seul et unique moyen d'arrêter ses dévastations et de rendre à l'agriculture cette même étendue, ces terres perdues pour elle.

Si donc il est vrai que cet encaissement de la Durance soit nécessaire pour rendre ces terres à la culture et au commerce, il l'est necessairement aussi qu'elles font partie indivisible de son lit, par conséquent qu'elles sont une propriété dé l'État.

Et si elles sont une propriété de l'État, comme étant chose publique et hors du commerce, il faut bien que l'État seul puisse en disposer et recueillir le bénéfice de ce qui sera gagné par cet encaissement, dont il est seul le maître, et pour lequel il dépend de lui seul de faire les sacrifices que cette opération exige.

L'expérience ayant démontré que les prétentions de ces concessionnaires avaient toujours été un obstacle à l'encaissement de cette rivière et à ce que le Gouvernement prît les mesures convenables pour l'opérer et pour faire l'avantage de tous, il m'a paru nécessaire d'entrer dans ces détails pour les faire disparaître, en remontant aux principes et en remettant chaque droit à sa vraie place.

Je dis en remettant chaque chose, chaque droit à sa place, parce que ces principes dé-

coulent de la nature des choses et de la distinction du droit de propriété.

Ils ont toujours été les mêmes, et je ne dis ici
que ce que la raison et la loi disaient alors
comme elles le disent aujourd'hui, et comme
elles l'ont toujours dit.

Cela m'a paru d'autant plus nécessaire, que
c'est le seul moyen de connaître et de déter-
miner l'indemnité que je réclame, et sans laquelle il serait impossible d'entreprendre une
opération aussi difficile et aussi dispendieuse.

Il sera facile de comprendre et de sentir que
dès qu'il sera admis et établi que la rivière et
son lit tel que je l'ai expliqué sont la propriété
exclusive de l'État, toute difficulté pour l'exécution de l'encaissement cesse, parce que le Roi
en est seul le maître, parce qu'il a un double
intérêt et un intérêt majeur à le faire exécuter,
et parce que devenu l'arbitre du sacrifice qu'il
est juste de faire sur les terres qui seront
gagnées par cet encaissement, il assurera à
l'État un bénéfice considérable et indépendant
de tous les autres avantages qu'en recueillir a
l'intérêt public.

Mais en même temps on sentira qu'il n'y a
que lui qui puisse ordonner et faire exécuter
cette opération conformément à l'intérêt de
tous, qui puisse concilier tous les intérêts particuliers, et faire que la chose soit aussi avan-
tageuse et utile qu'il est possible qu'elle le soit

sans léser personne ; et que c'est pour cela qu'il faut qu'il en soit le seul maître et le seul régulateur par le droit de sa souveraineté.

Cela posé, je dis que l'indemnité que je réclame doit se composer du tiers des terres qui seront gagnées par l'encaissement, et du tiers de la plus value qu'en acquerront les propriétés riveraines.

Cette indemnité égale entre tous ceux qu y sont intéressés, ne saurait être onéreuse à personne, parce qu'elle partage d'une manière très-avantageuse pour le propriétaire un bénéfice qu'il n'aurait j'amais eu sans cette opération.

Elle ne saurait être excessive, parce que l'on jugera facilement la difficulté, la grandeur des dépenses que cette opération commande et la longueur des différens travaux qu'elle exige.

Je ne considère pas comme indemnité la jouissance momentanée des produits de la rivière, mais comme un usage nécessaire pendant l'exécution des travaux.

Cette indemnité conforme aux principes de la législation et de la justice, n'altère en rien les droits légitimes de propriété de personne, et ne peut nuire à qui que ce puisse être. Elle sera toujours subordonnée aux lois et aux droits de propriété de chacun, puisque de sa nature elle ne consiste qu'à une participation au bénéfice que tout propriétaire, quel qu'il soit, en recueillira.

L'État, qu'il faut considérer ici comme principal propriétaire et le plus intéressé à la chose sous le simple rapport des bénéfices, y gagnera considérablement; il y gagnera d'autant plus que d'une part, je ne lui demande ni secours ni avances, ce qui le met hors de tout danger et de toute dépense; et de l'autre il jouira des deux tiers des terres qui seront recouvrées, et il pourra en jouir et en disposer aussitôt qu'elles seront utilisables.

Si on examine l'étendue des terres occupées par la rivière depuis le détroit de Mirabeau jusqu'au Rhône, on jugera facilement l'importance et la grandeur des bénéfices que ces deux tiers pourront lui procurer.

L'unique facilité que je demande, c'est la disposition de quelques soldats travailleurs; mais je la demande moyénant une surpaye qui sera à ma charge. Ce n'est point un sacrifice pour l'État ni un objet d'économie que je recherche dans cette demande; c'est au contraire un moyen nécessaire pour accélérer des travaux qui pourront être souvent troublés, dérangés ou détruits par l'inconstance de cette rivière, et pour le succès desquels il serait dangereux de manquer d'ouvriers au moment du besoin. Il serait dangereux d'en manquer, parce que le moment du travail est presque toujours celui où l'agriculture occupe tous les bras.

Cette facilité serait encore bien plus profitable à l'État qu'à moi, parce qu'en me donnant le moyen d'accélérer ces traveaux avec succès, il devancerait d'autant la jouissance des bénéfices qu'il doit en receuillir.

Qu'on ne s'étonne pas du délai que je réclame pour le perfectionnement de l'encaissement, parce qu'on a dû remarquer que mon projet embrasse plusieurs opérations différentes qui sont subordonnées les unes aux autres pour perfectionner l'encaissement et pour rendre les terres susceptibles d'être cultivées et utilisables ; et que l'exécution de chacune de ces opérations successives demande non seulement beaucoup de temps, mais encore beaucoup d'art, de sagacité et d'intelligence.

Il faut rendre toutes ces opérations parfaites. S'il faut donner au lit de la rivière toute la fixité et la solidité qui lui sont nécessaires, rendre à l'agriculture toutes ces terres qu'elle lui a ravies et perfectionner tout cela de manière que le gouvernement n'ait plus rien autre à faire que de l'entretenir et de l'administrer, il faut aussi, pour obtenir tous ces avantages, le temps de faire tout ce que la prudence et la nature de la chose exigent.

Dès-lors on conviendra que ma soumission se conforme parfaitement au projet, qu'elle n'est point onéreuse au gouvernement, et que l'indemnité que je réclame ne saurait être ni excessive ni nuisible aux droits de personne.

Que l'on considère maintenant mon projet et ses résultats, et je demande s'il est possible d'encaisser la Durance d'une manière qui soit plus naturelle, plus simple, plus sage, et par conséquent plus sûre ; s'il est possible de donner à cette rivière un lit qui s'accommode mieux à son caractère, à sa nature et qui se prête davantage à ses variations, à ses augmentations et diminutions sans en être altéré, sans qu'il puisse être porté dans quelque circonstance que ce soit aucune atteinte au cours des eaux ; à leur direction ni à leurs bords, ou aux propriétés riveraines.

Si j'ai su garantir les uns et les autres, si j'ai mis cette rivière dans l'impuissance de sortir du canal que je lui trace, et si je l'oblige à me fournir et à me donner volontairement toutes les eaux que je puis désirer, sans qu'elle abandonne la ligne de sa direction, je crois pouvoir espérer d'avoir donné à mon projet toute la perfection dont il est susceptible, et d'être parvenu à enchaîner cette rivière et à la rendre aussi sage et utile qu'elle était vagabonde et dévastatrice.

Qu'on se figure donc ce qu'elle est et ce qu'elle sera après son encaissement !

Cette rivière appelée à juste titre le fléau de la Provence, qui en a ravagé les parties les plus riches et les plus florissantes, qui en ra-

vage d'autres aujourd'hui, et qui menace de ses
invasions toutes les contrées voisines , en sera
le bienfaiteur et l'ornement; elle deviendra une
source inépuisable de fécondité et de richesses.
ses rivages jusqu'ici sans bords ne seront plus
la terreur de ses voisins et des voyageurs. Ils
prendront un caractère et un aspect riant,
ils se couvriront d'une forêt d'arbres et d'arbrisseaux de toute espèce et d'une nappe de
verdure et de fleurs ; tandis que ses eaux devenues sages et fidèles à leur nature, folâtre-
ront en coulant rapidement dans ce berceau
brillant , et ne manifesteront plus que la joie
de réparer les maux qu'elles ont fait, et de
faire l'ornement et la prospérité de la Provence.

Alors plus de danger pour les possessions
riveraines ni pour les contrées qui l'avoisinent.

Ces plaines immenses qui n'ont qu'une exis-
tance précaire et incertaine qui semblent atten-
dre à chaque instant leur destruction, auront
acquis une sûreté qui doublera leur valeur
et leur beauté ; ces terres abandonnées , ces
graviers secs et nuds qui sont le théâtre des
vagabondages et des fureurs de ses eaux, se
couvriront d'abondantes moissons et de productions de toute espèce ; ses eaux iront
porter sans danger l'abondance et le bonheur
dans les contrées les plus reculées.

Alors enfin l'agriculture fleurira avec une

pleine assurance, l'industrie s'agrandira, les campagnes se repeupleront et le commerce viendra se disputer la gloire d'en utiliser les productions.

Et tout cela sera l'ouvrage du rétablissement des principes sur lesquels reposent les droits de propriété publique et particulière, et des droits de l'autorité royale qui seule peut par sa sagesse, par l'unité de sa direction et de son administration faire le bien de tous et concilier tous les intérêts en faisant respecter tous les droits.

En prenant sur moi l'exécution d'un projet aussi grand, aussi utile, aussi nécessaire, j'ai consulté bien plus mon zèle et mes connaissances locales que mon intérêt.

Né sur les bords de cette rivière, je l'ai assez fréquentée pour en connaître la nature, le caractère et les difficultés.

Étant Maire d'une des principales communes qui la bordent, j'ai su arrêter ses dévastations au moyen d'une légère réparation en bois qui subsiste encore et qui depuis 30 ans résiste à ses fureurs.

Après avoir tout sacrifié par dévouement pour l'auguste Maison de Bourbon; après avoir tout perdu pour elle, famille, état et fortune, sans avoir jamais jusqu'ici rien demandé ni rien reçu, étant journellement encore victime de mon abandon; je me console de mes maux dans le triomphe de la cause sacrée , pour laquelle je me suis immolé ; et je les oublie en consacrant mes pensées à sa prospérité et à sa gloire.

J'attache la mienne à terminer ma carrière en ajoutant à toute ma conduite cette dernière preuve de mon dévouement pour elle. Puisse-t-elle lui être aussi utile que mes maux ont été grands !

A Aix , le 5 mars 1825.

BILLARD , *Avocat.*

FIN.

www.ingramcontent.com/pod-product-compliance
Lightning Source LLC
Chambersburg PA
CBHW070933280326
41934CB00009B/1858